KARI KARAITI

AYA UND IHR HERR

Impressum

AYA UND IHR HERR

Verantwortlich für den Inhalt:
Kari Karaiti
c/o autorenglück.de
Franz-Mehring-Str. 15
01237 Dresden

http://karikaraiti.club

Alle in diesem Roman geschilderten Handlungen und Personen sind frei erfunden. Ähnlichkeiten zu lebenden Personen sind zufällig und nicht beabsichtigt.

Herstellung und Druck über tolino media GmbH & Co. KG,
Albrechtstr. 14, 80636 München. Printed in Germany.
Fragen zu Produktsicherheit an: gpsr@tolino.media.

Kari Karaiti

Aya

und ihr Herr

Kurzerzählung

Inhalt

Sklavin

Aya war eine Sklavin und sie war glücklich. Nicht, dass sie Sklaverei für gerechtfertigt hielt, dass sie glaubte, es gäbe Menschen, die weniger wert wären als andere, die zu Besitztum degradiert wurden. Nein, es gab keine Rechtfertigung für Sklaverei. Das war Ayas Überzeugung, obwohl Ihre Familie seit Generationen ein Volk führte, das ebenso lang Sklaverei legitimierte. Aya hatte am eigenen Leibe spüren müssen, was es bedeutete, seiner Rechte als Mensch beraubt zu werden, denn als Mädchen war sie nie viel wert gewesen.

So kam es, dass ihr Vater nicht gezögert hatte, nach einem langen Krieg und schwierigen Friedensverhandlungen Aya als Zeichen der persönlichen Wertschätzung an den Feldherrn der Gegenseite zu verschenken. Natürlich hatte er den Vermittlern verschwiegen, dass Aya sein eigen Fleisch und Blut, seine Tochter und eine Prinzessin war. Genauso, dass er auf die Gelegenheit gewartet hatte, die unerwünschte Tochter, deren Hochzeit ihn ein Vermögen gekostet hätte, politisch wirkungsvoll loszuwerden.

Voll Angst war sie den fremden Männern in das Lager der Truppen gefolgt, nachdem ihre eigenen Sklavinnen sie gebadet und für ihren neuen Herrn geschmückt hatten. Nie würde sie den verdutzten Gesichtsausdruck vergessen, mit dem er sie angestarrt hatte, als seine Soldaten sie wie von ihrem Vater angewiesen vor ihm auf den Boden abgestellt und ihm erklärt hatten, dass sie ein Geschenk des Herrschers wäre. Leicht bekleidet mit Blumen und Bändern geschmückt hatten sie sie auf einer Sänfte hereingetragen. Voll Furcht hatte sie ihn angesehen, als er auf sie hinuntergestarrt und seine Miene sich von Verwirrung zu Wut gewandelt hatte.

„Er schenkt mir eine Frau?“, hatte er verärgert gezischt. „Er glaubt, er könnte den Schrecken, den er verbreitet hat, damit aus der Welt schaffen, dass er mir eine Sklavin schenkt? Bringt sie zurück!“

Er hatte sich von ihr abgewandt, wie sich ihr Vater und ihre Brüder immer von ihr abgewandt hatten. Ayas Herz war in diesem Moment stehen geblieben und Eiseskälte in ihre Glieder gefahren. Was würde geschehen, wenn er das Geschenk ihres Vaters nicht annahm? Was würde aus dem Frieden werden, ob der Beleidigung? Was würde mit ihr, dem verschmähten Geschenk, geschehen?

Seine Berater hatten sich aufgeregt um ihn gescharrt und auf ihn eingeredet. Doch all ihre Argumente konnten ihn nicht umstimmen, bis einer der Berater, ein älterer Mann, der sich das Geschehen unbeteiligt angesehen hatte, vortrat, sein Schwert zog und dem Herrscher reichte.

„Dann, mein Herr, solltet Ihr sie hier und jetzt töten“, hatte er emotionslos gesagt. „Wenn Ihr entschlossen seid, das Geschenk nicht anzunehmen, übergebt Ihr sie einem grausamen Schicksal.“ Das Gesicht des jungen Mannes hatte sich in blankes Entsetzen gewandelt. „Soll ich es für Euch tun?“, hatte der ältere Mann gefragt, sich zu ihr herumgedreht und sein Schwert erhoben, sie zu erschlagen.

„Nein!“

Er war vor sie gesprungen, hatte die Klinge mit seiner Hand umschlossen und sie gehalten, dass sein Berater Aya nicht töten konnte, was nie dessen Absicht gewesen war. Das Lächeln, das über das alte Gesicht ging, verriet es.

„Dann nehmt das Geschenk an, mein Herr!“

Blut war die scharfe Klinge heruntergelaufen – sein Blut. Sie hatte sich – wie sie es ihr Leben lang gelernt hatte – mit zu

Boden gerichteten Augen erhoben, seine Hand, die von der Klinge verletzt worden war, dass das Blut hervorquoll, ergriffen, ein Stück Stoff aus ihrer spärlichen Kleidung gerissen und die Wunde verbunden. Seine Finger hatten sich unter ihr Kinn gelegt und ihren Kopf gehoben, doch sie hatte nicht gewagt, ihn anzusehen.

„Wie heißt du?“, hatte er gefragt. Von diesem Moment an hatte Aya angefangen, ihn zu lieben.

Neues Leben

Er hatte sie nicht zurückgeschickt, hatte das Geschenk ihres Vaters akzeptiert und sie mit in sein Reich genommen. Auch sein Volk kannte Sklaverei, obwohl es nicht so primitiv und dreckig hauste, wie ihr Volk. So kam es, dass Aya nicht als ungeliebte Prinzessin, sondern als Sklavin in einen kostbaren Palast einzog. Ihr Herr nahm sie mit in seine Gemächer, in denen sie sich frei bewegen konnte. Sie hielt Ordnung, pflegte seinen privaten Garten, so dass er sich, wenn er sich dorthin zurückzog, zurücklehnen und alles vergessen konnte. Sie brachte ihm das Frühstück, badete ihn, wusch und richtete sein Haar, kleidete ihn und war für ihn da, wenn er jemanden brauchte, mit dem er reden konnte. Damit verdiente sie sich alsbald sein Vertrauen. Jeden Abend rief er sie zu sich, wenn er erschöpft vom Tag in seine Gemächer zurückkehrte.

Dann badete sie ihn, während er ihr erzählte, was ihm auf dem Herzen brannte, oder er fragte sie leise seufzend: „Aya, mein Engel, was soll ich nur tun?“ Manchmal, wenn er in seinem Sessel zurückgelehnt dasaß, die Beine ausgestreckt auf einem Hocker, Aya vor ihm auf dem Boden kniete und seine Füße massierte, lächelte er sie an, strich ihr über das Haar und flüsterte zärtlich: „Was würde ich ohne dich machen, meine kleine, süße Aya?“

Es war nicht, wie es sich die anderen Sklaven vorstellten, wenn er sie zu sich rief. Nie näherte er sich ihr oder sie benutzte sie für körperliche Freuden. Sie war nicht seine persönliche Mätresse, wie viele Herrschaften, die von Aya wussten, glaubten. Nur einmal war es vorgekommen, dass er nach einem Fest in seine Gemächer zurückgekehrt war und nach Aya gerufen hatte. Als sie zu ihm ins Schlafgemach gekommen war, hatte er bereits bäuchlings auf seinem Bett gelegen, die Arme hatten seitlich auf dem Boden, seine Füße über den Bettrand gebaumelt. Er hatte die Augen geöffnet und sie angelächelt.

„Komm her, Aya!“, hatte er leise gesagt und sie war zu ihm gegangen, um ihn zu entkleiden.

Vom Alkohol berauscht hatte er sich auf den Rücken gelegt und geseufzt, während sie sich über ihn gebeugt und ihn entkleidet hatte. Nur dieses eine Mal hatte sich seine Hand in ihren Nacken gelegt. Nur dieses eine Mal hatte sie Aya zu ihm hinuntergedrückt und seine Lippen hatten ihre berührt. Immer, wenn

Aya an diesen Abend zurückdachte, lief ein Schauer über ihren Körper, der ihr eine Gänsehaut über die Arme und einen Blitz durch ihren Bauch trieb. Seine Hand war ihren Rücken heruntergefahren, bis er ihre Hüfte mit beiden Händen umfasst und sie langsam auf das Bett geschoben hatte. Er hatte sich über sie gebeugt, die Tunika von ihrem Körper gestreift, ihre Wange geküsst, ihren Hals, ihre Brüste, ihren Bauch. Ganz zärtlich hatte er sie erforscht, bis er sie umschlingend mit dem Kopf auf ihrem Bauch eingeschlafen war.

Am nächsten Morgen hatte sich Aya früh aus seiner Umarmung gewunden und sich angekleidet, um sein Frühstück zu bereiten. Er hatte lange geschlafen und war mit Kopfschmerzen und Unwohlsein erwacht. Doch die Erinnerung an die Geschehnisse der Nacht schien mit dem Alkoholrausch verflogen. Aya trug diese Nacht wie einen Schatz in ihrem Herzen, ohne ihn jemals daran zu erinnern oder danach zu fragen. Manchmal, wenn sie ihn ansah, kam die Erinnerung zurück und sie sah ihn auf dem Bett ausgestreckt daliegen und sie lustvoll anlächeln. Dann glühten ihre Wangen und mehr als einmal schien ihm die Veränderung in ihrem Gesicht aufgefallen zu sein, denn er hatte sie besorgt nach ihrem Befinden gefragt.

„Es ist nichts, mein Herr“, antwortete sie stets. „Es geht mir besser denn je!“

Von da an wusste Aya, dass auch er sie liebte. Er liebte seine Sklavin, die er nicht hatte annehmen wollen. Deshalb war Aya in seinem Reich glücklicher, als sie es in ihrer Heimat als Prinzessin jemals gewesen war.

Ankündigung

Doch bald störte etwas ihr Glück. Es war an dem Tag, an dem der König aus einem benachbarten Land seinen Besuch angekündigt hatte. Tagelang hatte emsige Geschäftigkeit im Schloss geherrscht und Aya hatte bemerkt, dass ihr Herr mit jedem Tag nervöser wurde. Es schien keine unangenehme Nervosität zu sein, denn es lag stets ein Lächeln auf seinem Gesicht. Und Aya sollte bald erfahren, was es mit dieser freudigen Aufregung auf sich hatte.

„Ach, Aya!“, seufzte er, als er eines Abends auf der großen Liege ausgestreckt mit dem Kopf auf Ayas Schoß lag und sie sanft seine Schläfen massierte. „Wir bekommen bald Besuch.“

„Ich weiß“, antwortete Aya. „Alle sind aufgeregt. Auch Ihr, mein Herr, seit Tagen schon.“

„Ich hätte wissen müssen, dass es dir auffällt. Ja, ich bin aufgeregt. Der König von Servika besucht uns.“

„Gibt es einen Grund für seinen Besuch?“

„Oh ja!“ Wieder ging ein Lächeln über sein Gesicht, doch konnte dieses Lächeln die Gewalt seiner folgenden Worte nicht mildern. „Er bringt seine Tochter mit. Sie feiert bald ihren zwanzigsten Geburtstag. Er möchte, dass sie sich einen Mann aussucht.“ Seine Worte und sein Lächeln schnitten tief in Ayas Herz, dass sie in ihrer Massage innehielt und ihn anstarrte. Doch er schien das nicht zu bemerken, denn er sprach weiter. „Sie soll eine Schönheit sein mit bronzener Haut, großen schwarzen Augen und seidig glänzendem Haar, das bis zu ihrer Hüfte reicht.“

„Oh!“, stieß sie leise aus und fuhr mit zitternden Händen durch sein Haar.

Schließlich umfasste er Ayas Wangen. „Deshalb muss alles perfekt vorbereitet sein, Aya. Du musst mir helfen, damit die Tage in meinem Schloss für sie unvergesslich werden.“

Aya rang sich ein Lächeln ab, während er sie freigab, seinen Mantel von den Schultern gleiten ließ und die Stufen hinab in das warme Wasser seines Bades stieg. Er wandte sich um und Aya sah, dass er mit ihr sprach, doch sie nahm seine Worte nicht wahr. Das Blut rauschte in ihren Ohren, als sie sich ebenfalls erhob, ihre Tunika abstreifte und hinter ihm in das Wasser tauchte, um ihn zu baden. Die ganze Zeit über sprach er mit ihr, ergriff ihre Hand und drückte sie.

Die Freude eines Kindes lag in seinen Augen, während er redete und sie ihn badete. Schließlich verließ er das Bad, schlüpfte in den Mantel, den sie ihm reichte, und ging zu seinem Bett, auf dem er sich mit einem zufriedenen Seufzer ausstreckte.

„Komm her, Aya!“, befahl er und hielt ihr lächelnd die Hand entgegen. Langsam tapste sie zu ihm und blieb vor dem Bett stehen. „Bitte sing mich in den Schlaf. Ich bin so aufgeregt, dass ich nicht schlafen werde. Deine Stimme wird mich beruhigen.“

So lag er auf dem Rücken, hielt ihre Hand und lauschte ihrer Stimme, während Aya sang, bis er eingeschlafen war. Dann verließ sie sein Schlafgemach. Kaum fiel die Tür hinter ihr ins Schloss, lief sie in den kleinen Garten, wo sie sich vor dem Teich auf die Knie fallen ließ und weinte.

Aya und ihr Herr

Besuch

Schon kam der Tag, an dem der König von Servika seine Tochter in das Schloss brachte. Noch nie hatte Aya die Gemächer verlassen, weshalb sie den Einzug von dem Balkon aus beobachtete. Vor einigen Augenblicken war ihr Herr hereingestürmt und hatte Aya das Bouquet für die Prinzessin holen lassen. Sie hatte die Blumen zusammenstellen müssen, die er der Prinzessin schenken würde. Aya sah, wie der kostbare Wagen des Königs durch die Straßen kroch, wie er das Tor des Palastes durchquerte und vor dem Eingang zum Stehen kam. Die Menschen, die ausstiegen, konnte sie nicht erkennen, da diese direkt von einer Gruppe Soldaten umringt in den Palast geführt wurden.

So saß sie in den Gemächern und versuchte, ihre Nervosität mit Handarbeit zu vertreiben. Sie griff einen Stickrahmen und stickte, doch als ihr bewusst wurde, dass sie ein wildes Durcheinander fabrizierte, legte sie den Rahmen seufzend beiseite.

Erst spät in der Nacht kehrte ihr Herr zurück. Zögernd ging Aya zu ihm, als er fröhlich pfeifend seine Sandalen von seinen Füßen streifte. Er lachte, als er Aya bemerkte, die mit der Tür in der Hand vorsichtig zu ihm hinübersah.

„Sie ist wunderschön", erklärte er und lächelte Aya verträumt an. „Komm! Hilf mir!" Langsam ging Aya auf ihn zu, half ihm aus der Herrscherrobe in seinen Abendmantel, während er sich auf dem Schemel vor dem großen Spiegel niederließ. „Hast du sie gesehen?"

„Nein, mein Herr. Ich konnte sie von dem Balkon aus nicht sehen."

„Oh, Aya! Sie ist die wunderschönste Frau der Welt!" Aya lächelte kurz, als sie die Bänder aus seinen Haaren zog und die Knoten vorsichtig mit dem Kamm löste. „Man sieht sofort, dass sie eine Prinzessin ist – so zierlich."

„Kann man Prinzessinnen am Körperbau erkennen?"

Er lächelte sie aus dem Spiegel heraus an. „Aber ja!", antwortete er und lachte. „Prinzessinnen sind die zierlichsten Wesen der Welt." Mich habt Ihr nicht erkannt, dachte Aya, doch sie schwieg. Erst, als sie wieder in den Spiegel sah, bemerkte sie, dass er weitersprach, die Prinzessin beschrieb. „Ihre Haare fallen auf ihren Rücken wie flammendes Feuer, und ihre Augen – ihre Augen können verzaubern, Aya."

„Sie haben Euch verzaubert, mein Herr.“

Er lachte, als es plötzlich an der Tür klopfte. Ein schmaler Sklave trat ein und verneigte sich. „Meine Herrin fragt nach Euch, Herr“, sagte er, ohne aufzusehen. „Sie wünscht, Euch im Garten zu treffen, wenn es im Palast leise wird.“

Ein Lächeln huschte über sein Gesicht. „Sag deiner Herrin, ich werde sie im Garten treffen“, antwortete er und wandte sich wieder um, als die Tür geschlossen wurde. Aya konnte sehen, dass sich seine Wangen in seiner Freude verfärbten. „Wir hätten nicht anfangen sollen“, sagte er und Nervosität überkam ihn.

„Sorgt Euch nicht, Herr“, beruhigte Aya ihn. „Wir haben Zeit, bis es im Palast leise wird. Ich werde Euch für die Prinzessin herrichten. Überlasst das mir!“

Er beobachtete sie mit einem Lächeln im Gesicht, während sie fortfuhr, die Knoten mit dem Kamm zu lösen. Als sie ihn entkleidete, um ihn zu baden, bemerkte sie, dass er angespannt war. Sie löste ihre Tunika und stieg hinter ihm in das Bad, um ihn zu waschen. Langsam ging sie um ihn herum, massierte seine Schultern, seine Arme, sein Gesicht, bis er sich entspannte und sich an sie lehnte, als sie hinter ihm Platz nahm, um ihn mit einem weichen Tuch abzureiben. Er legte seinen Kopf an sie und seufzte zufrieden. Als sie ihn bekleidete und der Moment gekommen war, dass er gehen würde, die Prinzessin zu treffen, umfasste er ihre Wangen mit beiden Händen und küsste sie auf die Stirn. „Was würde ich ohne dich tun, süße Aya?“

Ein kalter Schauer fuhr über ihren Rücken und ein tiefer Schmerz in ihrem Herzen ließ sie in sich zusammensinken, doch sie lächelte und sah ihm hinterher. Erst, als die Tür längst geschlossen war, verkroch sie sich auf ihr kleines Bettlager und weinte.

Reisepläne

Aya konnte kaum erwarten, dass die Prinzessin abreiste. Nicht einmal die Traurigkeit ihres Herrn konnte ihre Freude trüben, als sie hinter ihm auf dem Balkon stand und dem königlichen Wagen hinterher sah, bis er am Horizont verschwand. Auch, als ihr Herr sich abgewandt hatte und in seine Gemächer zurückgekehrt war, verweilte Aya auf dem Balkon, als wollte sie ganz sichergehen, dass diese Frau verschwunden war. Doch ihre Freude währte nicht lange, denn nichts war mehr, wie es vor dem Besuch gewesen war. So sprach er täglich von ihr, pries sie als die schönste aller Frauen, schwärmte von ihrer edlen Erscheinung und ihrer wahrlich prinzessinnenhaften Gestalt. Wann immer Aya um ihn war, sprach er nur von ihr, und mehr als einmal fiel ihr auf, dass er mit ihrem Namen auf den Lippen einschlief.

Obwohl es sie sehr verletzte, wenn er überschwänglich von der Prinzessin schwärmte, so versuchte sie doch, sich nichts von ihrem Schmerz anmerken zu lassen, bis zu dem Tag, als er plötzlich mittags in die Gemächer gestürzt kam und nach ihr rief. Sie ließ das Gartenwerkzeug fallen, mit dem sie kleine Rosensträucher gepflanzt hatte, und lief zu ihm.

„Wir werden verreisen", erklärte er und sein Gesicht strahlte. „Ich möchte, dass du alles für die Reise vorbereitest, Aya. Die anderen werden dir helfen. Aber ich will, dass du sie beaufsichtigst."

„Ihr verreist Wohin? Wie lange werdet Ihr fort sein?"

Er lachte. „Wir reisen nach Servika", antwortete er und sie spürte, wie sich eine eiserne Faust um ihr Herz schloss. „Die Prinzessin lädt zu ihrem zwanzigsten Geburtstag. Wir werden eine halbe Mondphase unterwegs sein. Pack alles Nötige dafür ein."

„Eine halbe Mondphase?", fragte sie leise und taumelte rückwärts an eine Säule. Ihr Herz pochte wild in ihrer Brust. Das Blut lief in ihre Eingeweide, dass ihr schwindelte.

Er wandte sich zu ihr um und zum ersten Mal seit langer Zeit sah sie Sorge in seinem Gesicht. „Aya?" Er ging auf sie zu und fasste ihren Oberarm, während er ihr die Hand auf die Stirn legte.

„Es ist nichts, mein Herr", versicherte sie ihm wie gewohnt. „Ich bin überrascht. So eine große Reise! Ihr wart nicht mehr so lange fort, seit ich mit Euch herkam. Ich muss viel vorbereiten, ich…“ Sie versuchte, um die Säule herum zu fliehen. Doch als sie sich aus seinem Griff drehte, flackerten schwarze Punkte vor ihr auf. Ihre Beine sackten unter ihr weg und sie fiel zu Boden.

Als sie erwachte, beugten sich viele plappernde Gesichter über sie. Verwirrt sah sie von einem zu dem nächsten. Ein Tuch wurde von ihrer Stirn gerissen, ein kalter Lappen daraufgelegt. Das wilde Geplapper ließ sie keine Worte verstehen, so stöhnte sie laut auf und schloss die Augen.

„Schluss!“, hörte sie plötzlich die Stimme ihres Herrn, die über die anderen rauschte. „Auseinander! Merkt ihr nicht, dass ihr es schlimmer macht?“

„Aber Herr, wir …“

„Hinfort!“, befahl er scharf, woraufhin die Gesichter von ihr abließen und viele Füße den Raum verließen. Seine warme Hand legte sich auf ihre Stirn und sie wandte den Kopf, sodass sie in seine besorgten Augen sah. „Aya?“, fragte er leise. Sie versuchte, sich aufzurichten, doch er drückte sie sanft zurück in die Kissen. „Ich habe dir zu viel zugemutet.“

„Nein!“, widersprach sie, versuchte erneut, sich zu erheben. „Ich … ich war zu lange in der Sonne, Herr. Es tut mir leid. Ich … ich …“

„Ich überrumpelte dich mit der Reise. Seit du hierher kamst, hast du diese Gemächer nicht verlassen. Die Vorstellung einer solch großen Reise musste dich überfordern. Kannst du mir verzeihen?“

Sie sank in die Kissen zurück und sah ihn überrascht an. „Die Vorstellung einer solch großen Reise?“, wiederholte sie leise.

„Du wirst mich begleiten, Aya“, erklärte er ebenfalls überrascht. „Ich brauche dich.“

Aufbruch

Aya bereitete die Reise mit gemischten Gefühlen vor. Auf der einen Seite verspürte sie Erleichterung, nicht so lange von ihrem Herrn getrennt sein zu müssen. Immer war er um sie gewesen. Seit er sie hierhergebracht hatte. Auf der anderen Seite kannte sie das Ziel, das kalte Schauer über ihren Körper trieb. In der Nacht vor der Abreise tat sie kein Auge zu. Die ganze Nacht drehte sie sich auf ihrem Lager herum, spazierte durch den Garten, dass sie am nächsten Morgen mit zitternden Händen das Frühstück bereitete. Als der Aufbruch bevorstand, kam ihr Herr in die Gemächer, um sie zu holen. Die ganze Zeit hatte sie in ihre Tunika und in einen Umhang gehüllt vor der großen Tür gestanden und nicht gewagt, hinauszutreten. „Komm!“, sagte er lächelnd, als er die Tür öffnete.

Zögernd trat sie in den Rahmen und warf einen misstrauischen Blick hinaus in den Flur. Sie hörte ihn dicht hinter sich leise lachen, dann ergriff er ihre Hand und zog sie mit sich. Angespannt saß sie neben ihm auf dem Wagen und als dieser sich langsam in Bewegung setzte und schaukelnd die Straße entlang rollte, kamen die Erinnerungen an ihre Ankunft. Mit großen Augen betrachtete sie alles, was an ihnen vorbeizog. Für alles konnte sie sich begeistern – für die Bergkette am Horizont, das Meer in der Ferne, die prächtigen Tempel, die Ruinen, die kleinen Dörfer. Und ihr Herr saß neben ihr und lächelte ob ihrer kindlichen Freude. Als es in der Nacht kalt und dunkel wurde, zog er sie zu sich und hüllte sie mit sich in eine große Decke. Nur einmal, dachte sie, hatte sie so nah an seinem Herzen gelegen – in der Nacht, die auf ewig ihr Geheimnis bleiben würde. Sie genoss seine Nähe mit jedem Tag, den ihre Reise dauerte. Doch als sie sich Servika näherten, ließ er sie immer öfter in dem Wagen zurück und bestieg eines der Pferde. So ritt er in den Palast ein.

Dort sah sie zum ersten Mal die Prinzessin. Sie begrüßte ihn in einer großen Halle. All seine Soldaten und Sklaven, die ihn begleitet hatten, standen am Rand und verneigten sich, als sie den Saal betrat und ihre schlanken Arme um ihn schlang. Aya bemühte sich, sie nicht anzustarren, doch einmal kreuzten sich ihre Blicke und Aya senkte ihren Kopf zu Boden. Ein Schmerz fuhr durch ihre Brust, denn die Prinzessin war in der Tat eine Schönheit. Alsbald wurde sie mit allem Gepäck in prunkvolle

Gemächer gebracht. Dort versuchte sie, den flammenden Stachel in ihrem Herzen damit zu vertreiben, dass sie die großen Kisten sortierte, die Kleidung herausnahm und aufbereitete. Eine nervenaufreibende Zeit stand ihr bevor, doch sie versuchte, die Aussicht darauf zu verdrängen.

Aya und ihr Herr

Sorge

Am Abend kam ihr Herr in die Gemächer. Er lächelte, doch Aya bemerkte, dass eine Sorgenfalte auf seiner Stirn lag. Schweigend ließ er sich von ihr entkleiden und stieg in das Bad, das sie für ihn hatte bereiten lassen. Sie löste ihre Tunika und folgte ihm in das Wasser. „Hattet Ihr einen angenehmen Tag, Herr? Konntet Ihr Euch von der Reise erholen?“

„Ja! Der Palast bietet viele Möglichkeiten zur Entspannung.“

„Was bedrückt Euch?“

„Ich kann es nicht vor dir verbergen, ich weiß.“ Er legte seinen Kopf an sie und seufzte leise. „Es sind viele Herrscher wie ich hier, Aya.“

„Ihr sorgt Euch, die Prinzessin könnte einen anderen Mann wählen?”, fragte Aya überrascht und zum ersten Mal flammte ein Hoffnungsschimmer in ihr auf, dass die Prinzessin einen anderen Mann wählen könnte als ihren Herrn.

„Ich weiß es nicht."

„Ich glaube nicht, dass es einen Rivalen für Euch geben kann, Herr."

„Ach, meine süße, kleine Aya! Du verbringst die Tage in diesen Gemächern. Woher sollst du wissen, ob es einen Rivalen unter diesen Männern für mich gibt?"

„Ich könnte mir die anderen ansehen und Euch sagen, ob ich eine Gefahr für Euch unter ihnen sehe, Herr."

Er lachte. „Sie werden kaum in diese Gemächer kommen, um sich von dir begutachten zu lassen."

Aya senkte beschämt den Kopf. „Nein, das werden sie nicht", stimmte sie leise zu.

Er ergriff ihre Hand und küsste ihre Fingerspitzen zärtlich. „Verzeih! Ich wollte mich nicht über dich lustig machen."

Sie lächelte, wandte sich von ihm ab, um sich hinter ihn zu setzen. Doch er erhob sich und verließ das Bad. Schnell huschte sie hinter ihm her, um ihm seinen Mantel zu reichen, da warf er ihn über und ging zu seinem Bett. Verwirrt beugte sie sich vor, um ihre Tunika anzuziehen, als sie bemerkte, dass er sie betrachtete. Verlegen streifte sie ihre Kleidung über die nasse Haut und sammelte seine Kleidungsstücke auf.

„Komm her, Aya!“, befahl er plötzlich. Zögernd legte sie seine Kleidung auf eine Liege und ging zu ihm. Er sank langsam auf dem Bett zurück und starrte an die Decke. „Sing für mich!“, flüsterte er und klopfte neben sich auf das Laken. Vorsichtig ließ sie sich darauf nieder und sang, bis er darüber einschlief.

Aya und ihr Herr

Begutachtung

Aya lief im Zimmer auf und ab, glättete zum hundertsten Mal die Kleidung für den Abend, sortierte die Bänder, legte den Kamm zurecht, als plötzlich die Tür aufflog und ihr Herr hereinstürmte. Er holte ein kleines Kästchen aus einer der Kisten und verstaute es in seiner Robe, bevor er sich zu Aya herumdrehte.

„Komm!“, befahl er.

Verwirrt folgte sie ihm zur Tür, blieb im Rahmen stehen, während er den langen Flur entlangschritt. „Herr?“, fragte sie leise.

„Bleib dicht hinter mir, Aya!“, rief er und ging weiter, ohne sich zu ihr herumzudrehen. Sie lief ihm aufgeregt hinterher, versuchte, mit ihm Schritt zu halten, sich nicht von den Kostbarkeiten des Palastes ablenken zu lassen. „Sieh sie dir genau an, während du mir folgst!“, hörte sie ihn flüstern. „Aber starr sie nicht an. Nicht, dass sie bemerken, dass du sie begutachtest!“

Hatte Aya am Abend zuvor einen Hoffnungsschimmer gesehen, wandelte sich dieser im Laufe des Tages, den sie ihrem Herrn auf Schritt und Tritt folgte, in blanke Wut. Die Prinzessin ließ sich von den jungen Herrschern verwöhnen. Sie flirtete hier, lachte da, verschenkte ihre Aufmerksamkeit sparsam genug, um die Männer um Selbige kämpfen zu lassen und ihnen doch Hoffnung zu geben, ihr am nächsten gekommen zu sein. Sie wusste ob ihrer Schönheit und sie nutzte sie, um mit den Männern zu spielen.

„Ich habe Euch eine Zeit lang beobachtet, mein Herr!“, sagte sie an ihn gewandt. „Wer ist der Schatten, der Euch auf Schritt und Tritt folgt?“

Er erwiderte ihr Lächeln, mit dem sie ihn beglückte, und Aya bemerkte, dass seine Wangen leicht glühten. „Das ist Aya“, erklärte er. „Ein Kriegsherr schenkte sie mir, nachdem ich seine Truppen geschlagen hatte.“

Ein heißer Blitz zuckte durch ihren Körper, als sie seine Worte vernahm, doch sie hielt ihren Blick zu Boden gerichtet, um sich ihr Entsetzen nicht anmerken zu lassen.

Die Prinzessin lachte, hakte sich bei ihm ein und ließ sich von ihm durch den Garten führen. „Ein Kapitulationsgeschenk, wie amüsant!“

Nachdem sie ein wenig durch den Garten geschlendert waren, begleitet von den neidischen Blicken der Nebenbuhler, beugte sich die Prinzessin vor, berührte sein Ohr fast mit ihren Lippen und hauchte so, dass sie ihm eine Gänsehaut über den Rücken jagte, etwas ins Ohr, das Aya nicht verstand. Er nahm ihre Hand und küsste sie mit einem Lächeln.

„Warte hier, Aya!“, befahl er und verschwand mit der Prinzessin, ließ sie zwischen all den Herren und fremden Sklaven allein zurück. Unbeholfen stand sie da, während die Herren das Paar mit eifersüchtigen Blicken verfolgten. Dann spürte sie plötzlich, dass sie von neugierigen Augen gemustert wurde. Eine Gruppe von Männern kam auf sie zu und sie betrachteten sie von oben bis unten, was ihr ein unangenehmes Gefühl bescherte. Sie wollte zurück in die Gemächer laufen, doch sie wagte nicht, sich zu bewegen.

„Seine persönliche Sklavin, heißt es“, hörte sie die Männer reden.

„Fragt sich, welche Dienste sie ihm leistet?“

„Dreist, eine so hübsche Sklavin hierher zu bringen.“

„Verzeiht, meine Herren“, erklang plötzlich eine ihr bekannte Stimme. Sie sah auf und erkannte einen seiner Soldaten, der zu ihr vordrang. „Aya, komm mit! Wir brauchen dich am Wagen.“ Er ergriff ihren Arm und zog sie mit sich fort. Jedoch brachte er sie nicht zu dem Wagen, von dem er gesprochen hatte, sondern direkt in die Gemächer.

„Danke!“, hauchte sie erleichtert, als er die Tür öffnete und sie hindurchschob.

Ein Lächeln ging über sein Gesicht, dann strich er ihr tröstend über die Wange. „Sei nicht traurig, Aya! Er wird merken, dass diese Frau eine Schlange ist.“

Böses Spiel

Aya wartete nervös auf seine Rückkehr. Spät in der Nacht fuhr sie von der Liege hoch, auf der sie gesessen hatte. Sie wandte sich um und sah, wie die Tür hinter ihrem Herrn ins Schloss fiel. Wortlos schlüpfte er aus seiner Robe und stieg in das Bad, ohne sie anzusehen.

„Wartet, Herr!“, rief sie. „Ich helfe Euch.“

Erst jetzt sah er sie an. „Nein! Leg dich schlafen! Es ist bereits spät.“

Er saß allein im Bad und starrte vor sich auf das Wasser.

„Seid Ihr böse mit mir?“, fragte sie. „Ich wartete nicht auf Eure Rückkehr. Einer der Soldaten führte mich zurück in die Gemächer. Die Herren waren empört, dass ich dort stand und auf Euch …“

„Ich bin nicht böse mit dir, Aya. Geh schlafen!“

Sein scharfer Ton irritierte sie. Schweigend wandte sie sich ab, um zu ihrem Lager zu gehen, doch sie drehte sich noch einmal zu ihm um. „Es ist keiner unter ihnen, der Euch das Wasser reichen könnte, Herr."

„Geh schlafen!", wiederholte er, ohne aufzusehen.

Aya lag lange wach. Er war verletzt. Diese Frau verletzte ihn. Tränen standen in ihren Augen. Zum ersten Mal hatte er sie abgewiesen, sie ins Bett geschickt. Zum ersten Mal hatte er sie ein Kapitualtionsgeschenk genannt. Immer war er wütend geworden, wenn jemand sie ein Geschenk genannt hatte. Doch heute hatte er es selbst getan. Er hatte sie gezwungen, ihm zu folgen und sie dann zurückgelassen. Und das alles, weil ihn diese Frau verletzte.

Die nächsten Tage vergingen und Aya beobachtete, wie sich Verzweiflung über ihn legte. Einmal besuchte ihn die Prinzessin in seinen Gemächern und er schickte Aya weg. Die Prinzessin hatte Aya mit einem Blick gemustert, der ihr einen kalten Schauer über den Rücken gejagt hatte. Dieser Blick und die Verzweiflung, die sie in seinem Gesicht gesehen hatte, waren der Grund dafür, dass sie seinen Befehl missachtete und sich auf dem Balkon versteckte, um zu beobachten, was die Schlange mit ihm machte. Sie sah, wie sie ihn mit ihren katzenartigen Krallen berührte, wie sie ihn mit ihrem lustvollen Blick bezirzte, bevor sie sich von ihm entfernte, ihre Kleider ablegte und in das heiße Bad stieg. Sie lockte ihn zu sich, küsste ihn in dem heißen Wasser, kletterte auf seinen Schoß und entzog sich ihm sodann wieder.

„Die kleine Sklavin, die Ihr mit Euch führt", begann sie, „warum hält sie sich in Euren Gemächern auf?"

„Aya kümmert sich um meine privaten Belange", erklärte er. „Sie ist unersetzlich für mich."

„Unersetzlich? Nicht einmal durch mich?"

„Ihr werdet Euch nicht mit einer Sklavin auf eine Stufe stellen, Prinzessin. Niemals würdet Ihr vergleichbare Arbeiten verrichten. Ihr würdet meine Räume nicht mit Blumen schmücken oder im Garten arbeiten."

„Sind das ihre Aufgaben?"

„Ja, das sind ihre Aufgaben."

„Und Euer Bett? Hält sie Euer Bett warm?", fragte sie und fuhr mit ihrem Finger über seine Lippen, während sie ihn mit verführerischen Schmollmund ansah.

Wieder lachte er. „Ist das Eure Sorge? Ich könnte mein Bett mit ihr teilen? Ich teile es nicht mit ihr. Ich habe es nie mit ihr geteilt. Und ich werde es nie mit ihr teilen."

Aya schloss die Augen und lauschte dem Spiel, das die Prinzessin mit ihm trieb, dem er sich nicht entzog, bis sie ihn tief in der Nacht mit seiner Begierde zurückließ. Aya schlich zurück zu ihrem Lager und lag die ganze Nacht zitternd vor Wut wach. Spürte er nicht, dass sie dieses Spiel mit all den anderen trieb? Er begehrte diese Frau über alles, doch sie spielte nur mit ihm.

Verzweiflung

Immer tiefer zeichnete sich die Verzweiflung in sein Gesicht. Und je verzweifelter ihr Herr wurde, desto weiter schob er Aya von sich. Jeden Abend lag sie weinend im Bett, bis zu jener Nacht. Den ganzen Abend war er nicht zurückgekehrt und Aya war wieder auf der Liege eingeschlafen, als er plötzlich die Tür aufstieß und in den Raum wankte.

„Herr!“, stieß Aya überrascht aus.

Er torkelte auf das Bett zu und ließ sich seufzend darauf nieder, alle viere von sich gestreckt. Aya lief zu ihm, beugte sich über ihn und zog die Brauen zusammen. Er war betrunken! Die ganze Zeit über hatte er auf Alkohol verzichtet, doch an diesem Abend hatte er sich betrunken. Vorsichtig beugte sie sich über ihn, um ihn zu entkleiden, als er sich aufrichtete und sie anstarrte. Wortlos griff er ihre Tunika und schob sie von ihrem Körper. Seine Augen fuhren über sie, bis er sich plötzlich lachend zurückfallen ließ.

„Wenn man dich ansieht, könnte man glauben, du seiest eine Prinzessin, Aya", verkündete er und sah sie amüsiert an. „Du bist zierlicher als sie." Dann schwand sein Lächeln. Er ließ seine Augen langsam über sie schweifen, bis er mit beiden Händen nach ihrer Hüfte griff und sie zu sich zog. Sie zitterte, als sie nah vor ihm stand, seine Lippen ihre Wange berührten und sein Atem über ihren Hals hauchte. „Ein schlanker, langer Hals – elfenbeinfarben – überall …" Seine Lippen glitten auf ihre Schultern. „… schmale Arme, schmale Handgelenke, schmale Hände! Man könnte glauben, du seiest eine Prinzessin." Sie seufzte leise, als er sie enger an sich zog und ihre Brüste ihn berührten. „Elfenbeinfarben – überall! Die Farbe deiner Haut lässt dich zerbrechlicher aussehen als sie."

Seine Hände fuhren von ihren Hüften ihren Rücken hinauf in ihren Nacken und drückten sie ihm entgegen, dass seine Lippen ihre berührten. Seine Zunge verlangte Einlass und drang in ihren Mund, um ihrer zu begegnen. Sie wollte sich ihm entziehen, denn er war betrunken, doch er ließ sie nicht. Seine Hand presste sie an ihn, die andere streichelte ihre Brüste, während er sie küsste. Schließlich befreite er sich von seiner Kleidung, zog Aya zu sich auf das Bett und drückte sie zurück, sodass sie vor ihm ausgestreckt dalag. Er strich über ihre Haut, seine Augen verschlangen sie.

„Herr!", mahnte sie leise, woraufhin er sich über sie beugte und nah ihrem Ohr „schweig" hauchte, mit seiner Zunge ihren

Hals hinabfuhr, ihre Brüste küsste, seine Hand ihre Schenkel teilte und dazwischen verschwand. Aya lag da, unfähig, sich zu bewegen.

Obwohl sie ihm Einhalt gebieten musste, lag sie still und seufzte leise. Er rollte sich über sie, ergriff ihre Handgelenke und streckte ihre Arme auf dem Bett aus. Seine Lenden drückten und rieben sich an ihr. Sie schloss die Augen, legte den Kopf in den Nacken und hielt die Luft an, als sein erregtes Geschlecht gegen sie drückte, den Eingang suchte, fand und langsam in sie drang. Sie keuchte, schluckte ein Stöhnen herunter, während er seine Hüfte bewegte, zurückzog, erneut in sie drang und sein Oberkörper sich über ihr senkte. Seine Lippen legten sich auf ihre, seine Zunge stieß genauso in ihren Mund, wie sein Geschlecht in ihren Unterleib, dass ihr die Luft wegblieb. Immer presste seine Lenden an sie, bis sein Atem schneller wurde. Sie wusste, dass er sich nicht zurückhalten würde, wie sie es von den anderen Sklavinnen gehört hatte, die mit den Soldaten schliefen. Er würde sich in ihrem Unterleib ergießen. Er senkte den Kopf und stöhnte in ihr Ohr, als er sich plötzlich an sie presste. Sie stieß einen erstickten Laut aus. Ihr Bauch verkrampfte sich, als sie sich ihm entgegen hob, während er seine Hüfte in kurzen Zuckungen bewegte. Sie warf den Kopf zur Seite. Ihr gesamter Unterkörper zog sich zusammen. Schließlich entrann ihrer Kehle ein tiefes Seufzen, als sich die Anspannung in einem überwältigen Beben in ihren Gliedern löste.

Er gab ihre Handgelenke frei, schloss seine Arme um sie und atmete lautlos in ihr Ohr. Vorsichtig berührte sie sein Haar, streichelte es, während er bewegungslos über ihr verweilte, bis sein Geschlecht aus ihr herausfiel. Dann erst ließ er sich zur Seite fallen. Sie drehte sich herum, legte ihren Kopf auf seine Brust und lauschte seinem Herzschlag, bis dieser von seiner Stimme gebrochen wurde, als er den Namen der Prinzessin seufzte.

Flucht

Ayas Herz blieb stehen. Wie erstarrt lag sie da, das Rauschen des eigenen Blutes in ihren Ohren. Ihr Körper vibrierte erst leicht dann immer heftiger. Tränen rannen aus ihren Augen, als ihr Herr seinen Kopf zur Seite fallen ließ und im Einschlafen erneut den Namen der Prinzessin seufzte. Wie vom Blitz getroffen sprang Aya aus dem Bett, griff ihre Tunika, warf sie über und lief barfuß und ohne Ziel aus dem Gemach. Kaltes Entsetzen erfasste ihren Körper, dass die Tränen in ihren Augen versiegen ließ, während sie lief, ihre nackten Füße auf dem kalten Stein platschten. Plötzlich war Himmel über ihr und kleine Kiessteine drückten sich in ihre Fußsohlen. Fast blind vor Entsetzen floh sie gedankenlos in den Garten. Immer wieder hörte sie, wie er den Namen der Prinzessin seufzte, und ein heftiges Beben fuhr durch ihre Glieder. Sie wollte schreien, doch der Kloß in ihrem Hals löste sich nicht. Erst, als sie plötzlich gepackt und zu Boden geschleudert wurde, entrann ihrer Kehle ein greller, spitzer Schrei.

„Was haben wir denn hier?", ertönte eine helle Stimme gefolgt von einem kalten Lachen. „Eine flüchtige Sklavin, wie mir scheint." Sie wurde auf die Beine gezogen und eine Hand griff ihr Kinn so fest, dass sich die Fingernägel wie Krallen in ihre Haut bohrten. Die Prinzessin stand vor ihr, das Gesicht zu einer hämischen, hässlichen Fratze verzerrt. „Wollte das kleine Vögelchen entfliehen, während ihr Herr vom Alkohol betäubt in seinem Bett liegt? Wollte das Vögelchen die Gelegenheit nutzen und in die Freiheit fliegen?" Aya verschlug es die Sprache, als die Prinzessin um sie herumschlich, während zwei große, starke Hände sie hielten. „Du weißt hoffentlich, was mit flüchtigen Sklaven geschieht, kleines Schätzchen?"

Als Aya in das von Bosheit entstellte, eigentlich schöne Gesicht blickte, begriff sie ihre Lage. Was diese Frau auch vorhatte, nichts konnte den Schmerz übertreffen, der ihr Herz, ihre Brust, ihren ganzen Körper erschütterte. „Weshalb seid Ihr eifersüchtig?", hörte sie sich fragen. „Er begehrt doch nur Euch."

Eine Hand knallte in ihr Gesicht. Der Schmerz verging genauso schnell, wie er gekommen war. „Wage nicht, über mich zu urteilen!", zischte die Prinzessin.

Dann drehte sie sich um und rief etwas in fremden Worten, woraufhin mehrere Soldaten zu ihr kamen und Aya mit seltsamen Blicken musterten. Die Prinzessin trat vor sie, zog einen

Dolch und zerschnitt ihre Tunika, während die Männer sich langsam näherten. Aya wusste, was geschehen sollte, doch ihr Schmerz ließ nicht zu, dass sie sich fürchtete. Niemand konnte sie mehr erniedrigen, als ihr Herr es getan hatte. Egal, was mit ihr geschah, er hatte sie in den Dreck getreten, und nichts konnte diese Erniedrigung übertreffen. Im Gegenteil, sie würde den Tod mit offenen Armen empfangen.

„Du bist eine flüchtige Sklavin, Aya. Flüchtige Sklaven müssen sterben und ich werde die Schmach, die du deinem Herrn bereitet hast, für ihn sühnen."

„Er würde keine Sklaven töten", flüsterte Aya, woraufhin die Hand erneut in ihr Gesicht knallte.

„Bald wirst du betteln, dass wir deinem Leben ein Ende bereiten, Aya. Du wirst beten, dass die Nacht endet wie dein Leben. Ich werde deinem Herrn erzählen, dass du aus dem Palast entschwunden bist. Er wird glauben, du seiest entflohen, und er wird niemals erfahren, was wirklich geschah." Die Prinzessin trat mit einem boshaften Grinsen zurück und musterte Aya, als einer der Soldaten vortrat. „Fangt an!"

Aya schloss die Augen. Die Hand des Mannes ergriff ihr Kinn und hob ihren Kopf, sie zu küssen. Sie wehrte sich nicht, ließ es widerstandslos geschehen.

„Fasst sie nicht an!", brüllte plötzlich eine wütende Stimme.

Sie riss die Augen auf und sah ihren Herrn, als er gefolgt von seinen Soldaten mit großen Schritten in den Garten eilte, den Mann packte, der ihren Kopf in seinen Händen hielt, und zurückriss. Er starrte Aya in Entsetzen an, dann wandte er sich zur Prinzessin um, die neben ihn trat und ihm sanft die Hand auf die Schulter legte, während sie mit ihm sprach.

„Sie wollte fliehen“, erklärte sie zuckersüß. „Wir fingen sie, als sie versuchte, den Palast zu verlassen.“ Er wandte sich überrascht zu Aya um, doch sie ließ den Kopf sinken und schloss die Augen. „Wie Ihr seht, widerspricht sie nicht. Sie ist eine flüchtige Sklavin.“

„Selbst wenn – sie ist *meine* Sklavin!“

„Ja *eure* Sklavin!“ Die Prinzessin trat zurück und sah ihn mit Schmollmund an. „Ihr habt mich belogen und betrogen mit *eurer* Sklavin. Sagtet ihr nicht, dass Ihr Euer Bett nicht mit ihr teilt? Seht sie Euch an! Eure Fruchtbarkeit läuft noch ihre Beine hinunter!“ Aya wandte beschämt den Kopf ab, als sie hörte, dass er tief Luft einsog. „Aber ich werde Euch verzeihen, dass Ihr mich belogen habt“, zwitscherte die Prinzessin zuckersüß und strich ihm mit den Fingern über die Brust. „Ich werde Euch verzeihen, wenn Ihr mir diese Sklavin morgen zu meinem Geburtstag schenkt.“

Ayas Herz blieb stehen. Hatte sie geglaubt, im Dreck zu liegen, öffnete sich nun vor ihr eine tiefere Grube. Er starrte die

Prinzessin ohne jede Regung in seinem Gesicht an. Erst nach einer Ewigkeit, in der sie ihm zärtlich mit ihren Fingern über die Lippen fuhr, entriss er Aya dem Soldaten, der ihre Oberarme umfasst hielt, und wandte sich mit ihr von der Prinzessin ab.

„Packt alles zusammen!“, befahl er leise. „Wir reisen sofort ab!“

Aya wurde schwarz vor Augen, als er sie in ihrer zerrissenen Tunika in seine Gemächer zog, während die Prinzessin ungläubig hinter ihm her starrte. Ayas Kopf war leer, als er die Tür schloss, sie zur Liege schob und darauf niederdrückte. Sie wagte nicht, ihn anzusehen. Er legte eine Decke um sie, dass sie sich bedecken konnte. Schon stürmten die Soldaten und Sklaven herein, räumten alles zusammen, um die Wagen zu beladen.

Aya und ihr Herr

Abreise

Kurz darauf wurde auch sie zu den Wagen geführt und sie brachen sofort auf. Sie sah ihren Herrn ein paar Worte mit dem König wechseln, der sich immer wieder vor ihm verbeugte, als wollte er sich für das Benehmen seiner Tochter entschuldigen. Doch er schwang sich in den Sattel eines Pferdes und führte die Kolonne an, die sich langsam zum Tor hinausbewegte. Aya wickelte sich fester in die Decke, rollte sich in sich zusammen und schloss die Lider, damit die Tränen nicht auf ihre Wangen fallen konnten. Erst, als der Morgen anbrach, öffnete sie die Augen und bemerkte, dass er neben dem Wagen ritt, bis sie an einem Fluss verweilten. Er schickte die Soldaten und Sklaven, die Pferde zu tränken, sodass sie allein zurückblieben. Dann legte sich sein Blick auf sie. Er kam zu dem Wagen, stieg auf und sah zu Aya hinunter.

„Es tut mir leid, Herr“, sagte sie leise, wagte nicht, in seine Augen zu sehen.

Plötzlich ging er vor ihr auf die Knie, ergriff ihre Hand und drückte sie an seine Wange. „Aya!", stieß er stimmlos aus. „Aya! Meine kleine, süße Aya!" Verwirrt betrachtete sie ihn, als er ihren Handrücken an seine Stirn presste und sich in demütiger Haltung vorbeugte. „Wirst du mir jemals verzeihen können, Aya? Wirst du mir verzeihen können, was ich dir antat?"

„Herr!"

„Es gibt keine Entschuldigung für das, was ich getan habe. Wegen mir liefst du fast in den Tod. Es ist allein meine Schuld! Wirst du mir je verzeihen können?"

Eine Zeit lang starrte sie ihn an, unfähig sich zu bewegen. „Wieso wart Ihr auf einmal da?"

Er legte seinen Kopf auf ihren Schoß, hielt ihre Hände in seinen und seufzte leise. „Ich hörte die Tür und schreckte aus dem Schlaf hoch", erklärte er. „Ich rief nach dir. Als du nicht antwortetest, wurde mir bewusst, was ich getan hatte. Ich lief durch die Räume und suchte dich, doch du warst verschwunden. Gemeinsam mit den Soldaten suchten wir dich im ganzen Schloss, bis wir die Menschen im Garten bemerkten. Oh, Aya, dass du mich noch ansiehst! Ich war so schlecht zu dir, aber du siehst mich immer noch an, obwohl ich dir Gewalt antat."

Sie legte ihre Hand auf seinen Kopf und streichelte ihn. „Gewalt tatet Ihr mir nur mit Euren Worten, Herr", flüsterte sie. Er sah zu ihr auf und musterte sie verwirrt. „Kommt, Herr, Ihr seid erschöpft. Ihr müsst schlafen. Die Reise wird lang und anstrengend. Soll ich für Euch singen?"

„Ach, Aya!", seufzte er, schlang seine Arme um sie und zog sie zu sich. „Nein, du musst nicht für mich singen." Eine Zeit betrachtete er sie mit schmerzvollem Blick, bis er seinen Kopf an sie lehnte. „Warum wurdest du als Sklavin zu mir geschickt? Warum ausgerechnet als Sklavin?" Sie streichelte stumm sein Haar. „Halt mich und sag mir, dass du mir verzeihen wirst!"

Als die Soldaten zurückkehrten, lag er in ihren Armen und schlief. Langsam setzte sich die Kolonne wieder in Bewegung und auch Aya döste über das gemütliche Schaukeln des Wagens ein.

Im Einschlafen hörte sie einen Soldaten: „Sie müsste nicht einmal eine Prinzessin sein, aber eine Sklavin?"

Aya und ihr Herr

Viktor

Sie reisten tagelang durch das Land, bis sie ein Wirtshaus erreichten, in dem sie die Nacht verweilen wollten. Ihr Herr saß auf einer Bank vor dem Haus und ließ die Sonne in sein Gesicht scheinen, als Aya losging, Wasser aus dem Brunnen zu ziehen. Sie brachte den Eimer zu ihm, füllte eine Schüssel damit und reichte sie ihm. Er lächelte sie dankbar an und strich ihr zärtlich durch das Haar.

„Du sorgst dich immer um mich und du selbst kommst darüber zu kurz. Hast du den kleinen See hinter dem Haus gesehen? Ich weiß, dass du gerne badest, dass du sogar schwimmen kannst. Geh und spiel im Wasser, Aya! Kümmere dich nicht um mich!“

Sie verneigte sich wortlos und ging um das Haus, als ihr ein junger Mann mit Holz unter dem Arm entgegenkam. Er grüßte kurz, sah dann in ihr Gesicht und erstarrte. Das Holz fiel zu

Boden, als er auf die Knie stürzte, ihre Hand ergriff und sie an seine Stirn legte.

„Prinzessin!“, stieß er aus.

Blut schoss in Ayas Kopf, ihr Herz raste schmerzhaft in ihrer Brust. Schnell befreite sie ihre Hand und wich vor ihm zurück. Nur aus den Augenwinkeln sah sie, dass ihr Herr von der Bank aufgesprungen war, von dem Gepolter aufgeschreckt, dass die Soldaten sich versammelten und in Sorge zu ihm liefen.

„Prinzessin!“, rief der Mann erneut. „Erkennt Ihr mich nicht? Ich bin es, Euer ergebener Sklave Viktor!“

Ein erstickter Schrei entrann ihrer Kehle, als sie weiter vor ihm zurückwich. Doch der Mann folgte ihr, stürzte erneut vor ihr auf die Knie, griff wieder nach ihrer Hand und presste sie an seine Stirn. In Entsetzen warf sie einen Blick auf ihren Herrn, der die Wasserschüssel fallen ließ und sie anstarrte.

„Prinzessin Aya! Erinnert Ihr Euch nicht? Euer Vater entriss mich Eurer Obhut, als der Krieg begann. Er nahm mich mit in den Kampf, wo es mir gelang, zu entkommen. Prinzessin Aya sagt, dass Ihr Euch an mich erinnert! Bitte glaubt mir, niemals wäre ich geflohen, wenn ich hätte bei Euch bleiben können! Erinnert Ihr Euch nicht an Euren ergebenen Sklaven Viktor?“

Ein Zittern fuhr durch ihre Glieder und ihre Beine wurden weich. „Viktor!“, hauchte sie. Der einzige Mensch im Hause ihres

Vaters, der sie mit Respekt und Freundlichkeit behandelt hatte. „Du lebst! Ich glaubte, du seiest in der Schlacht gefallen!"

„Das glaubte Euer Vater auch, Prinzessin", erwiderte er voll Freude. „Nur deshalb gelang mir die Flucht. Ich traf auf einen alten Mann, der sich meiner annahm, reiste mit ihm nach Servika und seither arbeite ich in dem Wirtshaus – als freier Mann! Ich werde das Wirtshaus erben und Besitzer von Grund und Boden. Oh, Prinzessin Aya, könnt Ihr Euch das vorstellen?"

Ihr Atem ging flach, ihre Beine vermochten kaum sie zu tragen. „Ich freue mich für dich, Viktor", hauchte sie.

Er presste ihre Hand an seine Lippen. „Aber sagt, was macht Ihr in Servika? Ich glaubte, der Krieg sei verloren."

„Das ist er, Viktor, das ist er."

Langsam wich jede Farbe aus ihrem Gesicht, je länger er ihre Hand hielt. Nun betrachtete er sie und er öffnete seinen Mund in Erstaunen, schloss ihn wieder, um ihn erneut zu öffnen. „Ihr tragt die Kleidung einer Sklavin, Prinzessin Aya!", sagte er und sah sich um.

„Ja", antwortete sie, drehte langsam den Kopf zur Seite und als sie sah, wie ihr Herr dastand, sein Blick zwischen ihr und Viktor hin und her ging, sackte sie auf die Knie, vergrub ihr Gesicht in ihren Händen und schluchzte.

Aya und ihr Herr

Wahrheiten

„Als Sklavin?!", hörte sie Viktor entsetzt ausrufen. Er hatte sie in das Wirtshaus geleitet. Nun saß er ihr gegenüber, die Soldaten drängten sich in die kleine Stube, während ihr Herr in der Mitte des Raumes stand und sie anstarrte. Sie konnte nicht aufsehen, hielt ihre Augen auf den Tisch gerichtet.

„Er zögerte keinen Augenblick, schickte mich als Geschenk mit den Vermittlern in das Lager der Truppen", flüsterte sie. „Du weißt, dass ich meinem Vater nie viel bedeutete. Ich, die einzige Tochter, die zu verheiraten ein Vermögen gekostet hätte. Er sah in dem verlorenen Krieg die Möglichkeit, wenigstens eine Sorge loszuwerden." Ein drückendes Schweigen legte sich über den Raum. Eine halbe Ewigkeit sprach niemand – alle starrten Aya an.

„Du hast nichts gesagt!", brach ihr Herr die Stille. „Ich fragte dich nach deinem Namen, doch du schwiegst!"

„Herr“, flüsterte sie, sah kurz auf und bemerkte, dass er die Augenbrauen zusammenzog.

„Ihr sprecht die Sprache der Sklaven, Prinzessin!“, rief Viktor aufgebracht.

„Ja, ich spreche die Sprache der Sklaven. Ich spreche die Sprache, mit der ich aufwuchs. Prinzessin Aya – Sklavin Aya! Wo ist da der Unterschied?“, erwiderte sie leise. „Mein Vater, meine Brüder, sogar meine Mutter wandten sich von mir ab, wenn ich den Raum betrat. Ich durfte ihnen nicht in die Augen sehen, ich durfte nicht sprechen. Was war das für ein Leben? Und dann …“ Sie wandte sich ihrem Herrn zu, sah ihm mit festem Blick in die Augen, wie sie es noch nie getan hatte. „Dann wurde ich zu Euch geschickt. Ihr schütztet mein Leben, Ihr behandeltet mich als Sklavin mit mehr Respekt, als ich es in meinem Leben als Prinzessin je erfahren hatte. Hätte ich Euch sagen sollen, dass ich eine Prinzessin bin, damit Ihr mich zurückschickt und den Frieden gefährdet? Was wäre aus mir geworden? Ihr hättet das Geschenk niemals angenommen.“

„Du hättest es mir sagen müssen, als ich dich nach deinem Namen fragte“, beharrte er mit gerunzelter Stirn.

Je länger sie seinen Blick erwiderte, desto weniger konnte sie Selbstkontrolle beschwören, bis sie sich nicht mehr zurückhalten konnte. Zuviel hatte sie die letzte Zeit auf sich genommen, als dass sie jetzt, da ihr Geheimnis aufgeflogen war, an sich halten konnte. Plötzlich sprang sie auf und deutete anklagend auf ihn.

„Ihr werft mir vor, dass ich euch meine Herkunft verschwieg? Habt nicht Ihr gesagt, dass man Prinzessinnen erkennt, mein Herr? Aber nicht einmal, als Ihr mich benutztet, Eure Verzweiflung zu lindern, habt Ihr mich erkannt. Gelächelt habt Ihr über die kleine, dumme Aya, dass sie zierlicher sei als die Schlange. Aber als Prinzessin erkannt habt Ihr sie nicht!“ Ihre Worte trafen ihn. Schmerz und Scham mischtne sich in seinen Augen und es tat ihr leid. Doch nun war es raus und die Wut, die sich in ihr aufgestaut hatte, seit die Prinzessin aus Servika zu Besuch gekommen war, wollte heraus. „Sklavin Aya – Prinzessin Aya – sind sie unterschiedliche Menschen? Ist die eine mehr wert als die andere?“ Sie wandte den Kopf mit geschlossenen Augen von ihm ab und ließ sich auf einem Stuhl nieder. „Nun steht Ihr da, starrt mich an und werft mir vor, dass ich Euch meine Herkunft verschwieg, dabei hat sie Euch nicht interessiert.“ Lange Zeit schwieg sie, ließ die Tränen lautlos in ihren Händen versickern. „Aya war immer für Euch da. Egal wann oder wo Ihr sie brauchtet, sie war für Euch da. Aya hat alles für Euch getan – Prinzessin oder Sklavin.“

Als sie sich in ihrem Stuhl zurücksinken und ihre Augen über die Soldaten schweifen ließ, blickten diese betreten zu Boden.

Jeden Einzelnen von ihnen sah sie an, bis sich ihr Blick auf ihren Herrn legte. Tränen liefen über sein erstarrtes Gesicht.

„Und was gedenkt Ihr mit Eurer kleinen, süßen Aya zu tun? Werdet Ihr sie nach all der Zeit zurückschicken? Jetzt, da Ihr wisst, wer sie ist?"

„Aya", erklang seine erstickte Stimme. Er ging auf sie zu, blieb vor ihr stehen, fiel auf die Knie und senkte den Kopf, wie er es auf dem Wagen getan hatte. Vorsichtig griff er nach ihrer Hand, legte ihren Handrücken an seine Stirn. Eine Zeit lang betrachtete sie ihn, spürte seine Tränen, als er ihre Hand küsste. „Du hast Recht, ich habe dich nicht erkannt. Es ist unentschuldbar", sagte er leise. „Ich weiß, dass es unentschuldbar ist."

„Und nun?", fragte sie. „Was werdet Ihr mit einer Prinzessin, die keine Heimat, keine Familie hat, tun?"

Er sah zu ihr auf und seine Augen lagen lange Zeit auf ihren, bevor er antwortete. „Ich werde sie bitten, mich in meine Heimat zu begleiten", sagte er leise.

Wieder legte sich eine drückende Stille über den Raum. Aya betrachtete ihn, wie er vor ihr kniete, wie seine Hände nervös mit ihren Fingern spielten. Unglaublich, dass er, der vor seiner Sklavin kniete und sie voll Schmerz ansah, der Herrscher eines großen Reiches war.

„Ich will – nein, ich kann nicht mehr ohne dich sein. Als ich erwachte, du nicht da warst und ich dich nicht finden konnte – ich wusste, dass du weggelaufen sein musstest, und der Schmerz sagte mir, wie sehr ich dich brauche. Und nun drohst du mir wieder zu entfliehen. Aya, bitte, begleite mich zurück in unsere Heimat! Ich werde alles tun, damit du mich begleitest. Wenn du es verlangst, werde ich vor meinem ganzen Volk vor dir niederknien und dich um Verzeihung bitten. Ich werde jeden Tag vor dir niederknien und dich um Verzeihung bitten – alles, was du verlangst."

„Ihr würdet das alles für eine Sklavin tun?"

Er schüttelte langsam den Kopf. „Für dich, Aya", sagte er leise. „Ich werde nach Servika einmarschieren und dir die Prinzessin als Geschenk mitbringen, wenn du das verlangst. Alles, Aya, für dich!"

Sie spürte die Blicke der Soldaten auf sich, doch sie sah nur seine Augen – die Augen, die sie mit Schmerz und Scham ansahen. „Oh, Herr!", rief sie verzweifelt. „Bitte kniet nicht vor mir auf dem Boden! Seht mich nicht so an! Ich kann Euch so nicht sehen!"

Er gab ihre Hand frei und streckte seine Arme nach ihr aus. Seufzend und mit geschlossenen Augen sank sie in seine Umarmung. Seine Lippen berührten ihre Stirn, ihre Wangen und ihr

Haar und als sie die Augen öffnete, verließen die Soldaten und Viktor den Raum. „Alles, Aya“, hörte sie ihn zwischen seinen Küssen flüstern. „Alles, was du willst!“

Ihr Herz raste, als sie ihre Arme um ihn schlang, ihren Kopf an seine Schulter legte und die Augen wieder schloss. „Keine Sklaven mehr!“

Ende

Nachwort

Die kurze Geschichte entstand, nachdem ich einzelne Szenen geträumt hatte. Natürlich nicht detailliert und ausführlich, eher bruchstückhaft und zusammenhanglos. Nachdem ich sie einige Tage in meinem Kopf gerollt hatte, beschloss ich, sie niederzuschreiben und ihnen einen roten Faden zu verleihen. Das ist der Grund, weshalb ich auf genaue Beschreibungen verzichte, weshalb Ayas Herr keinen Namen trägt und weshalb sie nur eine kurze Episode aus Ayas Leben beinhaltet. Ich versuchte, das Traumhafte durchscheinen zu lassen, indem ich mich nur auf den kurzen Handlungsbogen konzentrierte, keine Nebenhandlungen oder Ayas alltägliches Leben im Palast zeige. Die Kurzerzählung sollte das bleiben, was sie ursprünglich war, eine kurze, traumhafte Geschichte.

Ich beschrieb den Herrn nicht, da ich ihn in meinen Träumen stets nur verschwommen wahrnahm und mich nur schemenhaft an sein Äußeres erinnern konnte. Deswegen wurde Ayas Erzählung schmucklos und auf das eine Ereignis konzentriert. Alle Figuren reduzierte ich auf ihre Funktion, weshalb nur dann Äußerlichkeiten beschrieben werden, wenn sie den Charakteren auffallen oder sie wichtig erscheinen. Ayas Äußeres erfahren wir durch die Wahrnehmung des Herrn, wir sehen ihn, wie er sie sieht und ihr beschreibt. Genauso die Prinzessin, die durch seine rosarote Brille und durch Ayas eifersüchtige Begutachtungen und ihre Wut transportiert wird.

Mir ist bewusst, dass eine derart reduzierte Form distanziert klingt – vielleicht ein wenig sagenhaft. Aber genau das war mein Ziel und existentielles Bestandteil des Projektes. Nachdem mir meine Testleser zurückmeldeten, dass sie sich dennoch mit Aya identifizieren konnten, dass sie sehr gerne in die Geschichte eingetaucht sind, beschloss ich, sie in die Welt zu entlassen.

Mein besonderer Dank gilt meiner Freundin und Designerin des Covers und den Testlesern, die mir sagten, dass die sehr kurze Kurzerzählung wert ist, geteilt zu werden.

Über die Autorin

Schreiben ist Karis große Leidenschaft. In ihrer schriftstellerischen Entwicklung machte sie immer wieder Abstecher in erotische Literatur. Meist spielte sie mit Metaphern und Euphemismen in der in ihren Ohren wenig sinnlich klingenden deutschen Sprache. Inspiriert von sehr direkt formulierten erotischen Szenen in amerikanischen Liebesromanen, beschloss sie, selbst explizitere Wege einzuschlagen.

Kari liebt Charaktergestaltung und -entwicklung. Sie lebt und liebt mit ihren Figuren. Mit jeder schweren Prüfung, jeder schmerzhaften Erfahrung, die sie ihnen auferlegt, leidet sie mit.

Kari liebt Experimente. Ab und zu veranlasst sie der Drang, Neues zu entdecken, dazu, sich mit Genre und Erzählungen zu beschäftigen, die sie zuvor nicht anzutasten wagte. Themen wie Freundschaft, Vertrauen, Liebe, Glück, Leidenschaft, Trauer, Schmerz gehören für Kari genauso zu ihren Erzählungen wie erotische Szenen.

Die Autorin möchte mit ihrer Literatur vornehmlich unterhalten. Wenn ihre Leser:innen von ihren Geschichten gefesselt werden und sie für rote Wangen sorgen, sieht sie ihren Auftrag erfüllt.

kari karaiti

Du möchtest einmal im Monat hören, was sich bei meinen Schreibprojekten tut?

Du möchtest darüber informiert werden, wann mein nächstes Buch veröffentlicht wird?

Du möchtest den Fortlauf der Hörbuchproduktion verfolgen?

Du möchtest lesen, woran ich gerade arbeite?

Du möchtest vor der Veröffentlichung Kostproben meiner Projekte erhalten?

Dann melde dich zu meinem Newsletter an!

karis newsflyer

Anmeldung auf meiner Webseite

http://www.karikaraiti.club

Weitere Projekte der Autorin ...

Countryside Lifestyle Club Serie, Band 1

DER LIFESTYLE CLUB

In Wut verwickelt Ava ihren besten Freund Hunter in eine Wette um Dominanz und Unterwerfung, da er jahrelang ein Geheimnis vor ihr hütete. Wird diese Wette langjährige Freundschaften zerstören?

Countryside Lifestyle Club Serie, Band 2

MASTER HAYDEN

Hayden führt die hübsche, rothaarige Judy auf ihr Bitten in seinen Lebensstil ein. Doch sie hütet ein dunkles Geheimnis, das er mit Hilfe des Sheriffs zu lüften versucht, bevor sie entfliehen kann.